www.ingramcontent.com/pod-product-compliance
Lightning Source LLC
LaVergne TN
LVHW050954051026
849532LV00005B/1831
* 9 7 8 9 3 5 8 7 2 7 1 3 5 *

پھول غزلیں

(مجموعۂ غزلیات)

عبداللہ جاوید

Phool Ghazlein (Ghazals)
by: Abdullah Jawed
Edition: May '2024
Publisher :
Taemeer Publications LLC (Michigan, USA / Hyderabad, India)

ISBN 978-93-5872-713-5

کتاب	:	**پھول غزلیں** (مجموعۂ غزلیات)
مصنف	:	**عبداللہ جاوید**
پروف ریڈنگ / تدوین	:	اعجاز عبید
صنف	:	شاعری
ناشر	:	تعمیر پبلی کیشنز (حیدرآباد، انڈیا)
سالِ اشاعت	:	۲۰۲۴ء
صفحات	:	۵۶
سرورق ڈیزائن	:	تعمیر ویب ڈیزائن

چمکا جو چاند رات کا چہرہ نکھر گیا
مانگے کا نور بھی تو بڑا کام کر گیا

یہ بھی بہت ہے سیکڑوں پودے ہرے ہوئے
کیا غم جو بارشوں میں کوئی پھول مر گیا

ساحل پہ لوگ یوں ہی کھڑے دیکھتے رہے
دریا میں ہم جو اُترے تو دریا اُتر گیا

ہر سخت مرحلے میں اکیلے ہی رہ گئے
جو کارواں تھا ساتھ ہمارے بکھر گیا

سایہ بھی آپ کا ہے فقط روشنی کے ساتھ
ڈھونڈو گے تیرگی میں کہ سایہ کدھر گیا

جھپکی پلک تو موسمِ گل کا پتا نہ تھا
'جھونکا سا اک ہوا کا اِدھر سے اُدھر گیا'

ہم جس کے انتظار میں جاگے تمام رات
آیا بھی وہ تو خواب کی صورت گزر گیا

مشکل ہے اب کسی کا سمانا نگاہ میں
وہ اک جھلک کے ساتھ ہی آنکھوں کو بھر گیا

ہم نے تو گل کی، چاند کی ، تارے کی بات کی
سب اہلِ انجمن کا گماں آپ پر گیا

بجلی کا قمقمہ سا چراغِ حیات ہے
ٹوٹا نفس کا تار اندھیرا اُبھر گیا

جیتے جی مر چکے تھے مگر اپنا ہر نفس
ہم ہی پہ سانس لینے کا الزام دھر گیا

گھر ہی نہیں رہا ہے سلامت بتائیں کیا
غالبؔ کے بعد سیلِ بلا کس کے گھر گیا

مقطع کہو کہ لطفِ سخن کا بھرم رہے
جاویدؔ اب غزل کا نشہ سا اُتر گیا

***

اک سیلِ بے پناہ کی صورت رواں ہے وقت
تنکے سمجھ رہے ہیں کہ وہم و گماں ہے وقت
پرکھو تو جیسے تیغِ دو دم ہے کھنچی ہوئی
ٹالو تو ایک اُڑتا ہوا سا دھواں ہے وقت
ہم اس کے ساتھ ہیں کہ وہ ہے اپنے ساتھ ساتھ
کس کو خبر کہ ہم ہیں ر واں یا رواں ہے وقت
تاریخ کیا ہے وقت کے قدموں کی گرد ہے
قوموں کے اوج و پست کی اک داستاں ہے وقت
خاموشیوں میں سرِّ نہاں کھولتا ہوا
گونگا ہے لاکھ پھر بھی سراپا زباں ہے وقت
ہم دم نہیں، رفیق نہیں، ہم نوا نہیں
لیکن ہمارا سب سے بڑا راز داں ہے وقت
کُل کائنات اپنے جلو میں لیے ہوئے
جاویدؔ ہست و بود کا اک کارواں ہے وقت

***

زندگی کٹتی ہے کچھ اہلِ کرامات کے ساتھ
زہر کا جام جو دیتے ہیں مدارات کے ساتھ

ہم مسافر ہیں شبِ تار کے، پر جانتے ہیں
ان اندھیروں کا تسلط ہے فقط رات کے ساتھ

رات کے ساتھ مہ و نجم کا رشتہ ہے مگر
جیسے ظالم کا تعلق ہو مراعات کے ساتھ

نام لو یا کہ نہ لو یاد کرو یا نہ کرو
ذکر اُس شخص کا چھڑ جاتا ہے ہر بات کے ساتھ

چاند کے چہرے کو دیکھا تو یہ دل میں سوچا
رات آئی ہے تری یاد کی سوغات کے ساتھ

شہر کا شور ابھی جاگ رہا ہے سو لو
شہر سو جائے تو بیدار رہو رات کے ساتھ

وقت کے ساتھ وہی لوگ فنا ہوتے ہیں
صُلح کر لیتے ہیں جو کہنہ روایات کے ساتھ

ہم کو شکوہ نہیں ابیات کی ناقدری کا
لوگ کیا کرتے ہیں قرآن کی آیات کے ساتھ

ہم تو بندے ہیں، خدا کا بھی تصوّر جاویدؔ
ہر زمانے میں بدل جاتا ہے حالات کے ساتھ

***

برسوں کے حالات بھی کل کی بات لگیں
دل کے اندر صدیاں بھی لمحات لگیں

جو کچھ ہے احساس کا جادو ہے ورنہ
آنسو بھی بے بادل کی برسات لگیں

کانٹوں کو مت کوسیے شاید کانٹے ہی
منزل کی محرومی پر سوغات لگیں

جن آنکھوں نے پیار کی مے چھلکائی ہو
آنسو ایسی آنکھوں میں، خدشات لگیں

جس کو ہم نے جانِ غزل ٹھہرایا ہے
اس کی باتیں بھی ہم کو ابیات لگیں

اُس کی گلی میں جاتے ہوئے جی ڈرتا ہے
کیسے کیسے لوگ نہ جانیں ساتھ لگیں

کم تو نہیں جاویدؔ کسی کے مِلنے پر
بدلے بدلے دنیا کے حالات لگیں

***

کِھلا جو پھول کوئی، کوئی پھول مرجھایا
تضادِ زیست نے ہر رنگ میں ستم ڈھایا

جنوں سے کم تو نہیں ہے یہ شدّتِ احساس
جو شاخِ گل کہیں لچکی تو سانپ لہرایا

ہر ایک لمحۂ گزراں کا احترام کرو
بچھڑنے والا کبھی لوٹ کر نہیں آیا

نگاہِ یار کی یہ روشنی رہے تو رہے
وگرنہ دہر میں جو کچھ ہے سر بسر سایا

رہا ہے پیشۂ آبا سپہ گری جاویدؔ
یہ اور بات ہمیں شاعری نے اپنایا

***

ترا خیال بہت دُور لے گیا مجھ کو
زمانہ دیر تلک ڈھونڈتا رہا مجھ کو

ترے بجائے تری جستجو کے رستے میں
خیال و خواب کا اک سلسلہ مِلا مجھ کو

صبا کے دوش سے لپٹی ہوئی صدا کی طرح
ہر ایک لمحہ اُڑاتا ہوا چلا مجھ کو

مرے نصیب کہ کھُل کر گناہ بھی نہ کیے
ہر ایسے وقت میں یاد آ گیا خدا مجھ کو

وہ تیرا پیار سے مِلنا ہو یا بچھڑنا ہو
ہر ایک واقعہ اک خواب سا لگا مجھ کو

کھِلا جو پھول تو کانٹا سا چبھ گیا جاویدؔ
بہار آنے کا دھڑکا سا لگ گیا مجھ کو

٭٭٭

ننگے پاؤں کی آہٹ تھی یا نرم ہوا کا جھونکا تھا
پچھلے پہر کے سنّاٹے میں دل دیوانہ چونکا تھا

پانچوں حواس کی بزم سجا کر اُس کی یاد میں بیٹھے تھے
ہم سے پوچھو شبِ جدائی کب کب پتّا کھڑکا تھا

اور بھی تھے اُس کی محفل میں باتیں سب سے ہوتی تھیں
سب کی آنکھ بچا کر اُس نے ہم کو تنہا دیکھا تھا

چاہ کی بازی ہار کے ہم نے کیا کھویا اور کیا پایا
اُس کے ملن کی بات نہ پوچھو سپنا سا اک دیکھا تھا

چاند گگن میں ایک ہے لیکن عکس ہزاروں پڑتے ہیں
جس کی لگن میں ڈوب گئے ہم، دریا میں اک سایا تھا

دل کے دھڑکنے پر مت جاؤ، دل تو یوں بھی دھڑکتا ہے
سوچو باتوں ہی باتوں میں نام کسی کا آیا تھا

کیسا شکوہ، کیسی شکایت، دل میں یہی سوچو جاویدؔ
تم ہی گئے تھے اُس کی گلی میں، وہ کب تم تک آیا تھا

***

روح کو قالب کے اندر جاننا مشکل ہوا
لفظ میں احساس کو پہچاننا مشکل ہوا

لے اُڑی پتّے ہوا تو شاخِ گل بے بس ہوئی
پھول پر سائے کی چادر تاننا مشکل ہوا

اپنے خلوت خانۂ دل سے جو نکلے تو ہمیں
سب کے غم میں اپنا غم بھی جاننا مشکل ہوا

وقت نے جب آئنہ ہم کو دکھایا، رو پڑے
اپنی صورت آپ ہی پہچاننا مشکل ہوا

اِس مشینی عہد میں کیا ذات کیا عرفانِ ذات
آدمی کو آدمی گردانناً مشکل ہوا

دل نہ چھوٹا کیجئے ناقدریِ احباب پر
عیب جویوں کو ہنر پہچاننا مشکل ہوا

کیا کریں جاویدؔ اِس بہروپیوں کے دیس میں
گل کو گل کانٹے کو کانٹا ماننا مشکل ہوا

***

بکھر گیا ہوں ابھی کائنات میں گم ہوں
یہ سب فریب ہے خود اپنی ذات میں گم ہوں

اگر تُو ایک ہے، کیوں اتنے نام ہیں تیرے
میں سادہ لوح، ہجومِ صفات میں گم ہوں

تُو ہی بتا دے کہ اس میں قصور کس کا ہے
تُو خود میں گم ہے، میں لات و منات میں گم ہوں

جُدا ہوں تجھ سے، مگر تیرے لفظِ کُن کے طفیل
ہزار گم ہوں، مگر تیری بات میں گم ہوں

مری تلاش عبث ہے کہ لمحہ لمحہ میں
بدل رہا ہوں کہ سیلِ حیات میں گم ہوں

ریاضِ شعر میں رنگِ بہار ہے مجھ سے
میں پھول پھول میں اور پات پات میں گم ہوں

پڑھوں جو میرؔ تو یہ بھی نہ کھُل سکے جاویدؔ
میں کائنات میں یا کلّیات میں گم ہوں

***

جس کو بھی دی صدا ، وہ بڑی دیر سے ملا
جو بھی بھلا لگا، وہ بڑی دیر سے ملا

مِلتے گئے جو لوگ وہ د ل کو نہیں لگے
جس سے بھی دل لگا ، وہ بڑی دیر سے ملا

باہر سے کوئی عکس نہ دل میں اتر سکا
جو عکس دل میں تھا، وہ بڑی دیر سے ملا

ہم مدّتوں کسی کی پرستش نہ کر سکے
اپنا جو تھا خدا ، وہ بڑی دیر سے ملا

ہنگامِ شکر ہے وہ ملا تو زہے نصیب
اب اس کا کیا گلا، وہ بڑی دیر سے ملا

جاویدؔ گو دعا تری مقبول ہو گئی
جو تھا پسِ دعا ، وہ بڑی دیر سے ملا

٭٭٭

مسکرانا بہت آساں تھا کسی کے ہوتے
اب یہ عالم ہے کہ روتے ہیں سبھی کے ہوتے

آسمانوں سے اترنے میں اُسے دیر لگی
ہم بھی تاخیر سے آتے تو اُسی کے ہوتے

مانگ کر پینے کی عادت نہیں ڈالی اب تک
ہاتھ پھیلائے نہیں تشنہ لبی کے ہوتے

باخبر ہونے میں کیا کیا نہیں کھویا ہم نے
اِس سے بہتر تو یہ تھا ، بے خبری کے ہوتے

یوں دکھانے کو عدالت بھی ہے، میزان بھی ہے
اصل سامان بھی کچھ داد رسی کے ہوتے

وہ زمانہ ہو کہ یہ، ایک ہی رشتہ اپنا
ہر زمانے میں حُسین ابنِ علی کے ہوتے

لحظہ بھر ہی سہی اپنے تئیں سوچو جاویدؔ
عشق کرنے کو چلے کج کُلہی کے ہوتے

***

کوئی جب دل کے اندر ناچتا ہے
تو انساں ہو کہ پتھّر، ناچتا ہے

تصوّر یا حقیقت ہے کہ اکثر
مرا سر مجھ سے کٹ کر ناچتا ہے

ہُوا یوں بھی کہ مرشد کو منانے
کبھی کوئی قلندر نا چتا ہے

میں لکھتا ہوں مدینہ دل کے اوپر
تو دل کا سارا اندر ناچتا ہے

میں جب کرتا ہوں جانے کی مدینہ
ادب سے دل میں اک ڈر ناچتا ہے

وہ آ جاتے ہیں جس سینے کے اندر
وہ مسجد ہو کہ مندر ناچتا ہے

وہ جب بھی پاس آ جاتے ہیں میرے
تو گھر کا سارا منظر ناچتا ہے

جمی ہے برف باہر چار جانب
لہو میرا برابر ناچتا ہے

میں جب بھی ڈالتا ہوں دل کی کشتی
تو اٹھ اٹھ کر سمندر ناچتا ہے

سبھی دیوار و در کہتے ہیں جاویدؔ
قدم اب روکیے گھر ناچتا ہے

***

سمندر کے کنارے رقص میں ہوں
ہوا میں بے سہارے رقص میں ہوں

ابھی ہے رات کا اک پہر باقی
میں لے کر چاند تارے رقص میں ہوں

مرے اندر بھی کوئی ناچتا ہے
میں اُس کے ساتھ پیارے، رقص میں ہوں

اُچھالے سنگ کوئی میری جانب
یا کوئی پھول مارے، رقص میں ہوں

کبھی نیچے ہیں میرے ابر پارے
کبھی ہیں تیز دھارے، رقص میں ہوں

عبث ہے اب مجھے آواز دینا
کوئی کتنا پکارے، رقص میں ہوں

فلک پر ناچ میرا دیکھتے ہیں
فرشتے، چاند، تارے، رقص میں ہوں

ہر اک ہونے کی حد کو پار کر کے
نہ ہونے کے کنارے، رقص میں ہوں

ستارے ہیں مرے قدموں کے نیچے
کبھی جلتے شرارے، رقص میں ہوں

قدم روکوں تو رُک جائے یہ دنیا

یہی اچھا ہے پیارے، رقص میں ہوں
میں اپنی جان کی بازی لگا کر
خود اپنی جان ہارے، رقص میں ہوں
بظاہر نیند میں ہوں غفلتوں کی
کہیں پاؤں پسارے، رقص میں ہوں
سکوں دشمن جہاں میں زیست اپنی
کوئی کیسے گزارے، رقص میں ہوں
ہوئی ہے تیز تر دنیا کی گردش
اُسی گردش کے مارے، رقص میں ہوں
قدم روکوں تو کیسے ؟ بھاگتے ہیں
نظاروں پر نظارے، رقص میں ہوں
بدلتے ہیں بہت ہی تیز چہرے
تمہارے اور ہمارے، رقص میں ہوں
زمانے نے بگاڑا مجھ کو لیکن
زمانے کو سنوارے، رقص میں ہوں
اٹا ہے گرد میں خود اپنا چہرہ
ہر اک چہرہ نکھارے، رقص میں ہوں
کبھی لگتا ہے شاید ساتھ میرے
ہیں رقصاں لوگ سارے، رقص میں ہوں
کبھی لگتا ہے میرے ناچنے میں

کسی کے ہیں اشارے، رقص میں ہوں
فنا کی تیز موجوں کے بھنور میں
اَنا کا سر اُبھارے، رقص میں ہوں
نچاتا ہے جو سب کو زندگی بھر
اسی پر خود کو وارے، رقص میں ہوں
کسی مندر کسی مسجد کی چھت کے
لرزتے ہیں منارے، رقص میں ہوں
نہ جانے بج رہے ہیں کس جہاں میں
نفیری اور نقارے، رقص میں ہوں
مری چاپوں سے چھم چھم پھوٹتے ہیں
جنوں کے استعارے، رقص میں ہوں
مری ہر جنبشِ اعضاء میں جاویدؔ
ابد کے ہیں اشارے، رقص میں ہوں

***

سبھی آلام لے کر اُڑ گیا ہے
پرندہ دام لے کر اُڑ گیا ہے
دریچے میں ذرا سی دیر گا کر
وہ طائر شام لے کر اُڑ گیا ہے
ہم اُس کا نام بھی کیسے بتائیں
جو اپنا نام لے کر اُڑ گیا ہے
ہمارے دل کا سودا کرنے والا
بڑا انعام لے کر اُڑ گیا ہے
جسے ساقی سمجھ کر جام سونپا
وہ ظالم جام لے کر اُڑ گیا ہے
یقیں کی روشنی کا ایک جگنو
سبھی اوہام لے کر اُڑ گیا ہے
کسی کی یاد کا خاموش جھونکا
غمِ ایّام لے کر اُڑ گیا ہے
جسے جاویدؔ سمجھے تھے وہ لمحہ
خیالِ خام لے کر اُڑ گیا ہے

***

فلک پر جب ستارے ٹوٹتے ہیں
زمیں پر دل ہمارے ٹوٹتے ہیں
یہ کیسے فیصلے ہوتے ہیں اوپر
جو نیچے عہد سارے ٹوٹتے ہیں
سُبک موجوں سے بن جاتے ہیں دھارے
سُبک موجوں سے دھارے ٹوٹتے ہیں
کوئی طوفان دستک دے رہا ہے
لبِ دریا کنارے ٹوٹتے ہیں
جُدا یہ بات کچھ برسے نہ برسے
بظاہر ابر پارے ٹوٹتے ہیں
بجائے آب قحطِ آب برسا
یونہی اکثر سہارے ٹوٹتے ہیں
خوشی کے موڑ پر ہی کیوں یہ آخر
ہمارے خواب سارے ٹوٹتے ہیں
ہمیں پہچان ہوتی ہے خدا کی
ارادے جب ہمارے ٹوٹتے ہیں

***

بہتر تو ہے یہی کہ پر و بال کاٹ دے
یا پھر کوئی فضاء کے سبھی جال کاٹ دے

فن کار سنگ و چوب تراشے تو احتساب
موسم جو پیڑ پیڑ پہ اشکال کاٹ دے

اک عمر کاٹ دی ہے جہاں ہم نے کوئی اور
اک روز ، ایک ماہ یا اک سال کاٹ دے

یا ہر عمل کے ساتھ لکھے سب محرّکات
یا لکھنے والا نامۂ اعمال کاٹ دے

لکھے وہ حرف جو دل پر گزر گیا
یا حرف حرف سارا ہی احوال کاٹ دے

جس طور سوچ ، شعر اسی طور ہی سے لکھ
شاعر حصولِ داد کا جنجال کاٹ دے

جاویدؔ تا کُجا یہ فریبِ نبود و بود
اشیاء سے اُن کا رشتۂ تمثال کاٹ دے

***

بند دروازے کہاں تک کھولتے
کیا زمیں سے آسماں تک کھولتے

دائرہ در دائرہ تھی زندگی
دائروں کو ہم کہاں تک کھولتے

آپ نے پوچھا تو ہوتا دل کا حال
ہم زباں کیا زخمِ جاں تک کھولتے

کوئی دل کا راز داں ملتا اگر
چاک سینے کے وہاں تک کھولتے

عشق کی نشتر زنی کا حال ہم
یادِ یارِ مہرباں تک کھولتے

مہرباں سورج کے سارے راز بھی
سایۂ نا مہرباں تک کھولتے

کشتیِ عمرِ رواں کا باب ہم
جنگ باد و بادباں تک کھولتے

ذہن و دل کی جستجو کا ماحصل
ما ورائے بے نشاں تک کھولتے

کھولتے ہر چیز کے سارے پرت
سب یقینوں کو گماں تک کھولتے

لمحے لمحے کو رواں رکھنے کے ساتھ

لا زماں و لا مکاں تک کھولتے
نقل کی بھی نقل تھے جاویدؔ جی
اصل کو کیسے کہاں تک کھولتے

***

دل کے رستے پہ کچھ نہیں ملتا
لمبی لمبی مسافتیں اور برف

کیا دریچے کے پار دیکھو ہو
اونچی اونچی عمارتیں اور برف

آسماں، راستے، شجر اور گھر
زندگی کی علامتیں اور برف

سرد موسم میں ساتھ رہتی ہیں
جھوٹی، سچی حرارتیں اور برف

پھول چہروں کو رنگ دیتی ہیں
شوخیاں اور شرارتیں اور برف

لوگ اکتا گئے ہیں موسم سے
ہر طرف ہیں شکایتیں اور برف

آنے والے سہانے موسم کی
ہر زباں پر بشارتیں اور برف

کب سے باہم دگر مقابل ہیں
آدمی کی مہارتیں اور برف

یاں کی سوغات سندھ کیا بھیجیں
الٹی سیدھی حکایتیں اور برف

آپ نے بھی سمیٹ لیں جاویدؔ
کینیڈا کی ملامتیں اور برف

***

پتّے، پتّے پہ قضا کا لکھا
کون پڑھتا ہے خدا کا لکھّا

نقش کا الحجر کی صورت معلوم
ریت پر کلکِ ہوا کا لکھا

وقت کے ساتھ بدل جاتا ہے
لفظ ہو خواہ خدا کا لکھا

ڈوبنے والے کا حرفِ آخر
لبِ ساحل کفِ پا کا لکھا

کاش پڑھتی تو کبھی تیز ہوا
عارضِ گل پہ حیا کا لکھا

٭٭٭

زندگی میں ابتری پہلے سے تھی
گھر کے اندر بے گھری پہلے سے تھی

اپنے اندر کا سفر پہلے سے تھا
اپنے باہر بے کلی پہلے سے تھی

زندگی کے شور کو گھیرے ہوئے
ایک گہری خامشی پہلے سے تھی

چہچہوں سے گو قفس معمور تھا
روح پر تولے کھڑی پہلے سے تھی

میری بربادی پہ کیوں نادم ہوں آپ
میری قسمت تو لکھی پہلے سے تھی

اِس زمیں پر آپ آئے بعد میں
یہ زمیں جاویدؔ جی پہلے سے تھی

***

پیڑوں سے جدا ہوتے ہی پتّے نہیں اُڑتے
جب تک کہ نہ ہو جائیں وہ ہلکے، نہیں اُڑتے

موسم کے تغیّر سے گو اُڑتے ہیں پرندے
مٹّی سے مگر روح کے رشتے نہیں اُڑتے

حالات سے اُڑ جاتے ہیں سب رنگ ہمارے
ہاں پیار کے جو رنگ ہیں پکّے نہیں اُڑتے

فرقت کی ہوا اس کا تدارک نہیں کرتی
چہرے تو اُڑاتی ہے دریچے نہیں اُڑتے

ہر دیدنی منظر کو اُڑا لیتی ہے دنیا
کم بخت یہ آنکھوں کے جھروکے نہیں اُڑتے

اٹکھیلیاں کرتا ہے ہواؤں کا دباؤ
بھوتوں کی شرارت سے بگولے نہیں اُڑتے

سچّائی کبھی حد سے گزرتی نہیں جاویدؔ
جھوٹے تو اُڑا کرتے ہیں سچّے نہیں اُڑتے

***

کسی چہرے بنا کیسا دریچہ
کھُلا ابھی تو بہت رویا دریچہ

کھُلا یوں جیسے انگڑائی سی لی ہو
لگا یوں نیند سے جاگا دریچہ

گلی میں اک نیا ہی نُور اُبھرا
بجائے چاند جب چمکا دریچہ

گھٹن میں وقت کی جب بھی گھِرے ہم
بطونِ جان سے اُبھرا دریچہ

بھری دنیا اکیلا دل ہمارا
اکیلے دل میں اک تنہا دریچہ

کہاں سے لاؤ گے جاویدؔ جی تم
وہ دل میں جھانکنے والا دریچہ

***

وقت کی اک موج سارا رنگ و روغن لے گئی
تن کے گلشن پر خزاں آئی تو سب دَھن لے گئی

پھول جب بکھرا تو اب کیا پوچھنا گلچیں، ہوا
پھول کی پتّی کو گلشن لے گئی، بن لے گئی

ہم مجسّم موم ہو کر رہ گئے جب زندگی
سانحہ در سانحہ سب سنگ و آہن لے گئی

وہ پچھل پائی تھی کوئی اور ، ہم سادہ مزاج
یہ سمجھتے ہی رہے دل ایک جوگن لے گئی

دے گئی اونچے محل اور کھولیاں تہذیبِ نو
پھیلے پھیلے، اُجلے اُجلے دل کے آنگن لے گئی

٭٭٭

جب تلک قید میں پرندہ ہے
تب تلک ہی قفس بھی زندہ ہے

ساری شائستگی بناوٹ ہے
ورنہ ہر آدمی درندہ ہے

جیسی چاہو ادائیگی کر لو
کوئی اندر سے نا دہندہ ہے

زندہ لفظوں کی بات کیا جاویدؔ
دل سے جو لکھ دیا وہ زندہ ہے

***

لمحہ لمحہ گزر گیا میں بھی
اپنی میعاد بھر گیا میں بھی

جرمِ تقلید کر گیا میں بھی
لوگ مرتے ہیں، مر گیا میں بھی

لوگ آخر گھروں کو جاتے ہیں
یہ سمجھنا کہ گھر گیا میں بھی

پیڑ کی عمر جب تمام ہوئی
پیڑ پر سے اتر گیا میں بھی

کب تلک پھول بن کے لہراتا
تھا جو مٹّی ، بکھر گیا میں بھی

بوند سے موج ، موج سے دریا
کیسے بہروپ بھر گیا میں بھی

بھیک کی روشنی پہ اِترا کر
چاند تاروں کے سر گیا میں بھی

حد میں رہنے کے وعظ سُن سُن کر
اپنی حد سے گزر گیا میں بھی

اپنے باطن میں جھانک کر جاویدؔ
جب بھی دیکھا تو ڈر گیا میں بھی

***

حرفِ غلط نہ تھا ، مجھے سمجھا گیا غلط
لکھّا گیا غلط ، کبھی بولا گیا غلط

میں بھی غلط نہ تھا، مری باتیں غلط نہ تھیں
مجھ کو ، مرے کلام کو جانچا گیا غلط

میزانِ عدل ٹھیک تھا ، پلڑے درست تھے
یہ کون دیکھتا ہے کہ تولا گیا غلط

مجھ میں نہیں تھے عیب ، کسوٹی میں عیب تھے
میرا یہ تھا قصور کہ پرکھا گیا غلط

گو مرتبے میں ہیچ ہوں لیکن غلط نہیں
سقراط کی طرح مجھے مارا گیا غلط

طوفاں کے بعد اہلِ تدّبر کو فکر ہے
ساحل کا تھا قصور کہ دریا گیا غلط

افراد ہیں غلط کہ غلط ہیں تصوّرات
یا اس معاشرے ہی کو ڈھالا گیا غلط

اکثر وہ لوگ زندۂ جاویدؔ ہو گئے
تاریخِ عصر میں جنہیں لکھّا گیا غلط

***

لگائی تہمتِ ہستی مگر کہیں رکھا
بنانے والے نے رکھّا بھی یا نہیں رکھّا
گماں کی بھول بھلیّاں بنا کے دنیا کو
یہ کس نے پیچ و خمِ راہ میں یقیں رکھّا
ہمیں مزاج دیا ، آسمان والوں کا
اور اس مزاج پہ وابستۂ زمیں رکھّا

＊＊＊

دل کی دیوانگی کا سماں ہر طرف
آسماں، آسماں، آسماں ہر طرف

سوجھتا ہی نہیں راستہ کیا کریں
اک دھواں، اک دھواں، اک دھواں ہر طرف

اُڑ گئی ہے زمیں، پاؤں رکھیے کہاں
فرش ہے یا کہ آبِ رواں ہر طرف

ایک دریا ہے پیروں سے لپٹا ہوا
بے سکوں، بے سکوں، بے کراں ہر طرف

اصل چہرے کی پہچان ممکن نہیں
عکس ہی عکس ہیں درمیاں ہر طرف

ایک صورت کی سو صورتیں بن گئیں
آئنے رکھ دیے ہیں یہاں ہر طرف

اتنی آنکھیں کہاں، دیکھ سکتے جو ہم
آپ کے حُسن کی کہکشاں ہر طرف

آپ سے دُور جاتے تو جاتے کہاں
آپ ہی آپ تھے مہرباں ہر طرف

کون کہتا ہے جاویدؔ جی مر گئے؟
وہ تو موجود ہیں اے میاں ہر طرف

***

فاصلوں کو درمیاں پر لکھ دیا
کیا ملیں جب آسماں پر لکھ دیا

ساتھ کیسا ساتھ ، سب کچھ خواب یا
خواب اک چشمِ گماں پر لکھ دیا

آپ ہی کے ہو گئے، سو ہو گئے
آپ ہی کو لوحِ جاں پر لکھ دیا

بات جب نوکِ زباں پر رُک گئی
دل نے آنکھوں کی زباں پر لکھ دیا

ہم ہی خود دورِ زماں میں کھو گئے
ہم نے خود دورِ زماں پر لکھ دیا

زندگی اِس طور سے بخشی گئی
نام اک ریگِ رواں پر لکھ دیا

رہتے ہیں جاویدؔ جی اس گھر کے بیچ
ہم نے اک کچّے مکاں پر لکھ دیا

***

چاندنی کا رقص دریا پر نہیں دیکھا گیا
آپ یاد آئے تو یہ منظر نہیں دیکھا گیا

آپ کے جاتے ہی ہم کو لگ گئی آوارگی
آپ کے جاتے ہی ، ہم سے گھر نہیں دیکھا گیا

اپنی ساری کج کلاہی داستاں ہو کر رہی
عشق جب مذہب کیا تو سر نہیں دیکھا گیا

جسم کے اندر سفر میں، روح تک پہنچے مگر
روح کے باہر رہے، اندر نہیں دیکھا گیا

جس گدا نے آپ کے در پر صدا دی ایک بار
اُس گدا کو پھر کسی در پر نہیں دیکھا گیا

آپ کو پتھّر لگے جاویدؔ جی دیکھا ہے یہ
آپ کے ہاتھوں میں گو پتھّر نہیں دیکھا گیا

***

کبھی پیارا کوئی منظر لگے گا
بدلنے میں اسے دم بھر لگے گا

نہیں ہو تم تو گھر جنگل لگے گا
جو تم ہو ساتھ، جنگل گھر لگے گا

ابھی ہے رات باقی وحشتوں کی
ابھی جاؤ گے گھر تو ڈر لگے گا

کبھی پتّھر پڑیں گے سر کے اوپر
کبھی پتّھر کے اوپر سر لگے گا

در و دیوار کے بدلیں گے چہرے
خود اپنا گھر پرایا گھر لگے گا

چلیں گے پاؤں اُس کوچے کی جانب
مگر الزام سب دل پر لگے گا

ہم اپنے دل کی بابت کیا بتائیں
کبھی مسجد، کبھی مندر لگے گا

اگر تم مارنے والوں میں ہو گے
تمہارا پھول بھی پتّھر لگے گا

کہاں لے کر چلو گے سچ کا پرچم
مقابل جھوٹ کا لشکر لگے گا

ہلاکوؔ آج کا بغداد دیکھے

تو اس کی روح کو بھی ڈر لگے گا

زمیں کو اور اونچا مت اٹھاؤ
زمیں کا آسماں سے سر لگے گا

جو اچھے کام ہوں گے اُن سے ہوں گے
برا ہر کام اپنے سر لگے گا

سجا تے ہو بدن بے کار جاویدؔ
تماشا روح کے اندر لگے گا

٭٭٭

جو دل کی بات ہی کرنی نہیں تھی
تو کوئی بات بھی کرنی نہیں تھی

اگر اندر سے اتنا چاہنا تھا
تو باہر بے رخی کرنی نہیں تھی

خطائیں اور تھیں کرنے کے لائق
خطائے عاشقی کرنی نہیں تھی

ہمیں یہ امتحاں دینا نہیں تھا
ہمیں یہ زندگی کرنی نہیں تھی

محبتؔ بھول تھی تو بھول ایسی
کبھی بھولے سے بھی کرنی نہیں تھی

بکھر کر پھول یہ بولے شجر سے
ہوا سے دوستی کرنی نہیں تھی

ہمارا مسئلہ یہ تھا کہ جاویدؔ
زمانے کی خوشی کرنی نہیں تھی

＊＊＊

جہاں بھی جاؤ گے دیوار ہو گی
کوئی اٹھتی ہوئی تلوار ہو گی

بہت مانگو ہو اس نظرِ کرم کو
وہ جب ہو گی تو دل کے پار ہو گی

یہ دل باتیں کرے گا جب کسی سے
تو فوجِ دشمناں تیار ہو گی

کیا جب عشق تو یہ سوچنا تھا
کہ باقی زندگی آزار ہو گی

نکل کر بند کوچے سے وفا کے
محبتؔ شاملِ بازار ہو گی

گماں کی ملگجی پرچھائیوں میں
یقیں کی روشنی لاچار ہو گی

جنوں وہ بھی جنونِ عشق جاویدؔ
نہ سر ہو گا نہ ہی دستار ہو گی

٭٭٭

ناچنے لگتا ہے بازاروں کے بیچ
بند کیجے دل کو دیواروں کے بیچ

عشق ہے ظاہر میں خوشبو کا سفر
راستہ جاتا ہے انگاروں کے بیچ

دیکھئے آ کر کبھی دنیائے دل
بیٹھیے آ کر کبھی یاروں کے بیچ

کاسۂ درویش بھی رکھ دیجیے
کچھ جگہ خالی ہے دستاروں کے بیچ

آپ کو نشّہ نہیں کرتی شراب
آپ کا کیا کام مے خواروں کے بیچ

شہر جاں تک آ گئی جنگل کی آگ
جل رہی ہے عین گلزاروں کے بیچ

کیسی وحشت ہے زمیں سے تا فلک
چاند ہے سہما ہوا تاروں کے بیچ

امن ہے بغداد میں چاروں طرف
فاختہ اُڑتی ہے تلواروں کے بیچ

مانگیے جاویدؔ اب مشرق کی خیر
گِھر گیا مغرب کے ہتھیاروں کے بیچ

***

ہاتھ اٹھائے تو دعا بھول گئے
مانگنے بیٹھے تھے کیا، بھول گئے

جذب میں آ گئے جب وقتِ دعا
ہم ہیں بندے کہ خدا بھول گئے

یوں شب و روز کی اللہ اللہ
نام ہی اپنا گدا بھول گئے

بھول جانے پہ جو آئے اس کو
اور سب اُس کے سِوا بھول گئے

یاد رکھنے کی کبھی کوشش کی
جس نے جو زخم دیا بھول گئے

اپنے اندر وہ تماشے دیکھے
اپنے باہر جو ہُوا بھول گئے

اپنے باہر کے خدا کو ڈھونڈا
اپنے اندر کا خدا بھول گئے

خود سے جب پہنچے خدا تک جاویدؔ
اپنے ہی گھر کا پتا بھول گئے

***

ہاتھ اُٹھتے دعا کی جانب ہیں
وسوسے سب انا کی جانب ہیں

جانتے ہیں ہوا کی خصلت کو
پھول پھر بھی ہوا کی جانب ہیں

لوگ کہتے ہیں وہ بلا ہے مگر
لوگ جاتے بلا کی جانب ہیں

کبھی لگتا ہے دو جہانوں میں
ہم اکیلے خدا کی جانب ہیں

کیسے بھٹکیں خدا کی جانب سے
سارے رستے خدا کی جانب ہیں

سمت کوئی ہو ، سمت اُس کی ہے
چار جانب خدا کی جانب ہیں

کیوں نہ کعبہ ہو آپ کی جانب
آپ جب کربلا کی جانب ہیں

***

پھول کے لائق فضا رکھنی ہی تھی
ڈر ہوا سے تھا ، ہوا رکھنی ہی تھی

گو مزاجاً ہم جُدا تھے خلق سے
ساتھ میں خلقِ خدا رکھنی ہی تھی

یوں تو دل تھا گھر فقط اللہ کا
بُت جو پالے تھے، تو جا رکھنی ہی تھی

ترک کرنی تھی ہر اک رسمِ جہاں
ہاں مگر رسمِ وفا ، رکھنی ہی تھی

صرف کعبے پر نہ تھی، حجت تمام
بعدِ کعبہ کربلا ، رکھنی ہی تھی

***

شبنم ، آنسو، قطرہ ، دریا اور مہا ساگر بھی میں
سیپی کے اندر بھی میں تھا ، سیپی کے باہر بھی میں
گھر کے اندر بھی رہتا تھا ، بیٹھا تھا در پر بھی میں
پنجرے کے اندر بھی میں تھا، پنجرے کے باہر بھی میں
اپنے دل کے دروازے پر آپ ہی دستک دیتا تھا
اپنی ہی دستک کو خود ہی سنتا تھا اندر بھی میں

***

پھول پر زخم نہ آنے دینا
دل نہ کانٹوں سے لگانے دینا
عشق کی آگ میں جلنا لیکن
عشق پر آنچ نہ آنے دینا
جان کہتے ہو تو پھر یاد رہے
جان پر جان بھی جانے دینا
چھوٹی چڑیوں کو بڑے خطرے ہیں
ان کو محفوظ ٹھکانے دینا
جہاں ہجرت کے پرندے اُتریں
وہاں افراط سے دانے دینا
اک دیا اور بجھانے والو
اک دیا اور جلانے دینا
اے زمانوں کو بنانے والے
میرے لفظوں کو زمانے دینا

***

دیے کی موت سے کیا کام رکھنا
دیے کی روشنی سے کام رکھیے

یہ مانا دھوپ میں گھر جل رہا ہے
دریچے میں سہانی شام رکھیے

نئی سی ہے خلش سینے کے اندر
نیا سا اس خلش کا نام رکھیے

جنونِ عاشقی ہو شاعری ہو
جنوں کو ساتھ ہر ہر گام رکھیے

***

ازل ہے نا ابد کچھ بھی نہیں ہے
جو سچ پوچھو تو حد کچھ بھی نہیں ہے
نہیں ہے وہ جسے ہونا کہو ہو
کہ ہونے کی سند کچھ بھی نہیں ہے
حقیقت ماوراء ہے، مستند بھی
وگرنہ مستند کچھ بھی نہیں ہے

***

جانتا ہی نہیں یہ کیا ہوں میں
بس یہی۔۔ آپ سے جدا ہوں میں
اجنبی اجنبی سا لگتا ہے
سارا ماحول سوچتا ہوں میں
ایسے ایسے سراب دیکھے ہیں
اب تو دریا سے کانپتا ہوں میں
وقت نے میرا قد نہیں ناپا
ابھی چھوٹا ، ابھی بڑا ہوں میں
مجھ میں دونوں سمائے سے کیوں ہیں
نہ تو شیطاں نہ ہی خدا ہوں میں
اور کر دیجیے جدا خود سے
جو نہ ہونا تھا ہو گیا ہوں میں

٭٭٭

ایک تاریخ لکھی ہم نے بھی
ایک تاریخ سہی ہم نے بھی
عشق آباد کیا دل کے بیچ
غم کی بنیاد رکھی ہم نے بھی
اپنے اندر کے سفر میں دیکھی
وقت کی بند گلی ہم نے بھی
دل میں اک بات چھپانے کیلئے
دل کی ہر بات کہی ہم نے بھی
لذتِ زیست لٹا کر سب میں
تلخیِ زیست چکھی ہم نے بھی
وقت نے جو بھی دکھایا ، دیکھا
وقت کی مار سہی ہم نے بھی
ہم کو بھی زہر دیا لوگوں نے
سچ کی تعزیر سہی ہم نے بھی
وقت کے ساتھ چلی جب دنیا
وقت کی چاپ سنی ہم نے بھی
اپنے ہی خونِ جگر سے جاویدؔ
اپنی تصویر رنگی ہم نے بھی

***

جانے کس عالم میں، ہم ہیں آج کل
چاہتے ہیں خامشی باتیں کرے
موت سے باتیں کرے جب اپنا دل
اپنے دل سے زندگی باتیں کرے
ہے یہی اک آرزو جاویدؔ ہم
چپ رہیں اور شاعری باتیں کرے

***

منفرد غزلوں کا ایک اور مجموعہ

پیاس کا قصہ دریا دریا

مصنف: کاظم جرولی

بین الاقوامی ایڈیشن جلد منظر عام پر آرہا ہے